Ulla Fichtner

PIRATENPARADIES ZUM AUSMALEN

Malbuch für Kinder ab 4 Jahren

Druck und Distribution im Auftrag der Autorin:
tredition GmbH, Halenreie 40-44, 22359 Hamburg, Deutschland

ISBN 978-3-384-23399-8

Willkommen an Bord, kleine Piraten!

Seid ihr bereit, in die aufregende Welt der Seeräuber einzutauchen?
Auf den nächsten Seiten erwartet euch ein spannendes Abenteuer.

Ihr könnt eure Kreativität entfalten und die Seiten dieses Malbuchs
mit euren liebsten Farben zum Leben erwecken.

Nehmt eure Stifte zur Hand und malt euch durch diese spannende
Piratengeschichte.

Wer weiß, vielleicht findet ihr am Ende sogar einen echten Schatz?

DIESES BUCH GEHÖRT:

....

SOS